AF313561

NOUVEAU RÉPERTOIRE DRAMATIQUE.

LES BADOUILLARDS,

vaudeville en un acte.

PRIX : 3 SOUS.

Paris,

MARCHANT, ÉDITEUR,

Boulevart Saint-Martin, 42.

1836.

LES BADOUILLARDS,

COMÉDIE-VAUDEVILLE EN UN ACTE,

PAR M. PAUL SIRAUDIN.

représentée pour la première fois à Paris, sur le Théâtre de la
Porte Saint-Antoine, le 10 mars 1836.

Yth 1610

Paris,

MARCHANT, ÉDITEUR,

Boulevart Saint-Martin, 12.

1836.

Personnages.	Acteurs.
RÉMI, artiste musicien. (25 ans.)	M. FOURNIER.
BOULARD, élève en droit. (45 ans.)	M. FERDINAND.
M. DURAND, (60 ans.)	M. ARTHUR.
AMÉLIE, sa nièce.	Mlle AGLAÉ.
Mme GUIPARD, portière.	Mme LUDOVIC.

La scène se passe à Paris.

IMP. J.-R. MEVREL,
Passage du Caire, 54.

LES BADOUILLARDS,

comédie-vaudeville en un acte.

❀❀❀❀❀❀❀❀❀❀❀❀❀❀❀❀❀❀❀❀❀❀❀❀❀❀❀❀

Le théâtre représente un appartement de garçon, portes au fond ; cabinet à droite, fenêtre à gauche, quelques meubles.

SCENE I.

RÉMI, BOULARD, Mme GUIPARD, *ils entrent par le fond. Remi est en robe de chambre.*

MAD. GUIPARD. Voilà le logement, messieurs !

RÉMI, *à part avec explosion.* Je suis donc sous son toit.

BOULARD. Il n'est pas mal, mais quel prix.

MAD. GUIPARD. Cinq cents francs par an, tout garni... le sou pour livre, l'éclairage de trois francs, les portes et fenêtres et les frais de cordon, quand on rentre passé onze heures du soir.

RÉMI. Cinq cents francs... c'est cher... vous n'avez rien au-dessous...

MAD. GUIPARD. Si fait... pardon... nous

en avons un au troisième... huit cents francs...

RÉMI. Bon... j'ai dit au-dessous...

MAD. GUIPARD. J'entends bien,.. il y a le second, douze cents francs...

RÉMI, *à part*. Cette portière m'a l'air d'une vieille blagueuse... (*Haut.*) Au-dessus, alors ..

MAD. GUIPARD. Ah! vous voulez parler du prix... au dessus... c'est quatre mille francs...

RÉMI. Nous ne nous entendons pas, à ce qu'il paraît... je vais tâcher de me faire comprendre... avez-vous quelque chose de meilleur marché ?..

MAD. GUIPARD. Non, mais on peut s'arranger...

BOULARD. Rémi, mon bon ami... c'est beaucoup trop cher, depuis vingt-cinq ans que je fais mon droit... j'ai fait bien des logemens, mais jamais je n'ai mis un tel prix à mon loyer... car enfin, dis-moi, quelle idée te prend *subito*, de déménager de la rue de la Harpe, où nous sommes, pour venir rue St-Hyacinthe ?..

RÉMI. Boulard, tais-toi... (*A part.*) Le malheureux ! il ne sait pas ce que c'est que la passion !.. oui, c'est ici... c'est bien là...

à cette fenêtre... qui donne sur la rue... (*Il regarde à la fenêtre.*) Ciel! c'est-elle ..

BOULARD. Qu'as-tu?

RÉMI. Rien! décidément, je reste ici... portière...

MAD. GUIPARD. Monsieur, je ne m'appelle pas portière, je m'appelle madame Guipard.

RÉMI. Ah! très bien... portière, pouvez-vous nous laisser ce logement à quatre cents francs et l'affaire sera conclue...

MAD. GUIPARD. Dam! monsieur...

RÉMI. Oui, ou non...

BOULARD. Rémi... mais, c'est trop cher, et depuis vingt-cinq ans que je fais mon droit...

RÉMI. Boulard, vous m'ennuyez...

MAD. GUIPARD. Mais, messieurs... vous arrêtez un logement, c'est très bien... mais encore faut-il savoir à qui on loue...

BOULARD. Moi!

Air : *Nos amours ont duré.* (du Hussard.)

Moi, je suis étudiant,
Je n' sors pas de l'école !
Les jours et les nuits,
Sur mes livres d' droit je pâlis !

Je sais sur l' bout d' mon doigt :
Cujas et Barthole !
Mais qu'oiqu'il en soit
V'là vingt-cinq ans que j' fais mon droit !

Je m' dis, quand j' commence un' nouvelle année,
Ma thèse bientôt sera terminée...
Je s'rai sur l' tableau de nos avocats ;
Mais voyez l' guignon , l'anné' s' passe hélas !..
Et malheureus'ment ma thès' ne passe pas.
Moi, je suis étudiant,   etc.

Mais je r'jett' la faut' de mon ignorance,
Sur nos députés et nos pairs de France !
Car ces messieurs-là suspendant leur cours,
Rendraient j'en suis sûr, bien plus court, mon
cours...
S'ils ne faisaient pas des lois tous les jours.
Moi, je suis étudiant,   etc.

Quant à Rémi !..

RÉMI. Moi, je parlerai au propriétaire.

MAD. GUIPARD. Monsieur, il n'y a pas de propriétaire, je suis chargée par lui de conclure comme je l'entendrai...

RÉMI. Ah ! c'est différent... Boulard, va chercher nos paquets, envoie-les de suite, moi je ne sors pas d'ici...

BOULARD. Mais...

RÉMI. Boulard, vous devenez insupportable... allez chercher les paquets...

MAD. GUIPARD. Mais, monsieur, vous ne m'avez pas dit... qui vous étiez... je voudrais cependant bien savoir...

RÉMI. C'est bon ! Boulard, filez...

BOULARD, *à part*. Il est timbré, ce pauvre Rémi, ma parole d'honneur.

Il sort.

SCENE II.

RÉMI, Mme GUIPARD

RÉMI. A nous deux, madame.

MAD. GUIPARD. Comment?

RÉMI. Le chapitre des renseignemens... Je me nomme Rémi, je suis artiste... mon ami, comme il vient de vous le dire s'appelle Boulard... il est élève en droit... ch bien ! à nous deux, nous ne faisons qu'un, même chambre, même bourse... tout est commun...

MAD. GUIPARD. Vraiment?

RÉMI. Nos goûts et nos habitudes, n'étant pas du tout les mêmes... c'est ce qui fait que nous nous sommes associés...

MAD. GUIPARD. C'est bien étonnant.

RÉMI. Tenez, par exemple, j'ai l'habitude de dîner tous les jours... depuis l'enfance, c'est un vice de mon éducation... mais, n'importe... Eh bien! Boulard aussi, lui, a le même défaut... il est même encore plus sur sa bouche que moi... nous dînons donc ensemble; or, moi, qui ai des dents, j'ai une affection fort tendre pour les croûtons, et que serait-ce donc si Boulard aimait aussi les croûtons... qui est-ce qui mangerait la mie... heureusement qu'il n'a pas de dents... et...

MAD. GUIPARD. Je devine.

RÉMI. Bref, nous ne possédons qu'un même chapeau, qu'une même paire de bottes, et encore elles sont de deux éditions, toutes les deux du même pied... c'est un des bienfaits de notre association; nous ne possédons qu'un seul habit, c'est ce qui explique comment vous me voyez en robe de chambre... mais rassurez-vous, je suis venu en fiacre.

MAD. GUIPARD. Mais, comment faites-vous pour sortir ensemble.

RÉMI. Nous ne sortons ensemble que l'un après l'autre...

Air : *du Piége.*

Nous restons ici tour à tour...
Selon la tâche terminée,
Boulard est absent tout le jour ;
Moi, l' soir, je commenc' ma journée !

MAD. GUIPARD.

Mais mon cher monsieur, jusqu'ici,
Vous et votre ami, ce me semble...
N' devez vous voir que la nuit,

RÉMI.

C'est ainsi,
Que nous passons nos jours ensemble...

Enfin, madame, nous sommes les deux doigts de la main... nous ne faisons, comme on dit vulgairement qu'un pantalon et qu'une chemise... je n'ai pas d'idée qui ne soit la sienne... si je prends du tabac, c'est lui qui éternue... en un mot nous sommes liés, cloués, attachés ensemble... nous sommes Badouillards !

MAD. GUIPARD. Badouillards ! qu'est-ce que c'est que cela ?

RÉMI. Les Badouillards sont les copins de l'école, les faisant du collège, c'est-à-dire les inséparables... qui font ménage ensemble... qui s'amusent solidairement...

et qui s'embêtent mutuellement... et nous sommes Badouillards !

Air : *de Lantara.*

Badouillards ! à ce nom j' m'enflamme !
Union de la science et des arts ;
Dans la sincérité d' notre ame,
Boulard et moi, somm's Badouillards !
Nous somm's de fameux Badouillards !
De ses plaisirs chacun d' nous est la cause,
Dans nos malheurs chacun vient s' soulager...
Et si du moins nous possédons peu d' chose
Nous somm's deux pour le partager...

MAD. GUIPARD. Ces renseignemens me semblent assez satisfaisans... mais...

RÉMI. Nous avions un logement, rue St-Jacques, 16 ; allez voir le propriétaire, il vous dira...

MAD. GUIPARD. Pourquoi qu' vous l' quittez...

RÉMI. Pourquoi ? voulez-vous le savoir.

MAD. GUIPARD. Si cela se pouvait...

RÉMI. Ecoutez bien... vous voyez ce pistolet !

Il tire un petit pistolet de sa poche et le met sur la commode.

MAD. GUIPARD. Ah !

RÉMI. Soyez tranquille, c'est le restant d'une paire que je possédais encore complète hier au soir.

MAD. GUIPARD. Mais, je ne vous comprends pas.

RÉMI. L'histoire du pistolet, se rattache au motif qui me fait venir ici... Figurez-vous madame, que j'étais hier soir aux Folies, plus ou moins Dramatiques... c'était une représentation extraordinaire, vu l'affiche, on jouait, *la Pie Voleuse, le Chien de Montargis, l'Ours et le Pacha ;* enfin toute une ménagerie... moi, j'avais été détaché de l'orchestre des concerts de la rue Saint-Honoré, auquel j'appartiens en qualité de cor, avec ou sans piston... je remplace quelquefois Dufrêne, mais je n'ai pas autant de charmes, Musard m'avait donc envoyé flâner, pour pistonner, au bénéfice du théâtre ci-dessus, j'arrive, je pistonne, bon ! après la première pièce, je hasarde un regard timide dans la salle, et j'aperçois une beauté, un ange ; elle n'était cependant pas au paradis, une colombe, non pas au poulailler, mais à l'avant-scène, cette jeune fille me frappa au cœur, mais hélas ! comment faire pour être seulement

aperçu d'elle ; il me vint une idée, je de-
vais jouer à l'acte suivant un air de chasse,
je le jouai ; mais faux, on me siffle, bravo !
je rejoue faux... nouveaux sifflets... tant
mieux, me dis-je... elle me remarquera...
Eh bien ! non... elle ne fit pas attention à
moi... elle ne me siffla pas... que faire,
alors... seconde idée : je tirai un pistolet
de ma poche, le camarade de celui-là...
et (c'était à la pie voleuse), j'ajustai la
pie, la pie vola et s'envola... mais je ne
lâchai pas la détente ; je dirigeai alors en
me retournant le canon de mon pistolet,
sur les spectateurs... on s'effraye... la peur
saisit tout le monde... le silence le plus
effrayant régnait dans la salle, la garde municipale elle-même était déphlogistiquée,
je vise quelques dames... elles se trouvent
mal, je me dis... c'est bon ! elle va me
voir... pas du tout... alors je l'ajuste,
je mets le doigt sur le chien..... on
jette un cri... pas le chien, la demoiselle
en question... elle m'avait vu ! je tournai
le canon du pistolet de mon côté... je le
place dans ma bouche... un second s'é-
chappa de la sienne... O ! bonheur ! alors,
je tirai la détente et crac !.. je croquai le
pistolet... il était en chocolat !

MAD. GUIPARD. Ah! je respire...

RÉMI. Mais, je n'eus pas plutôt con-
sommé le chocolat, que le public, crie,
tempête... la garde municipale, met son
écharpe, et fait mine de vouloir mettre le
cornet au violon!.. il fallait me sauver...
c'est ce que je fis... en détachant une
gamme de coups de poings et des triple-
croches de coups de pieds aux musiciens
qui me barraient le passage... je sortis res-
pirer l'air pur du boulevart du Temple;
mais, ma belle! où la revoir?.. comment
faire?.. Ah! l'attendre à la sortie du spectacle et la suivre... elle sortit et je la sui-
vis... elle était accompagnée d'une femme
parfaitement âgée, et d'un gros monsieur,
et je la vie entrer, où?.. dans cette maison!

MAD. GUIPARD. Ici!

RÉMI. Ici! tenez... regardez par cette fenêtre... elle est là...

Air du Baiser au Porteur.

C'est elle, ô quel bonheur extrême
Tenez, à côté du rideau...
Oui, c'est là, la femme que j'aime;
Voyez au travers du carreau...

Rien qu'à la voir, mon cœur s'enflamme,
C'est un bonheur toujours nouveau !

MAD. GUIPARD.

Eh ! quoi ! la dam' d' vot' cœur... c'est la dame ;

RÉMI.

Oui, c'est la dame de carreau...

Se reprenant.

Non, c'est la dame du carreau.

MAD. GUIPARD. Eh ! mais, ce sont ces gens de province qui sont ici depuis huit jours...

RÉMI. Aussi, dès que j'ai su sa demeure, ce matin au saut du lit... Boulard a mis notre unique habit, moi, notre robe de chambre, unique... et voilà pourquoi, madame, j'ai quitté notre ancien logement, pour venir m'établir ici.

MAD. GUIPARD. Oh ! alors, c'est différent, monsieur, ces renseignemens me suffisent...

On frappe à la porte.

RÉMI. Qui est là ?..

UNE VOIX. C'est moi !

RÉMI. Connais pas... mais c'est égal... entrez... (*Un commissionnaire entre.*) Ah !.. ce sont les paquets... (*Il les fait placer dans la chambre, puis les malles dans le cabinet à* *droite.*) Madame Guipard, vous ferez notre ménage, n'est-ce pas?..

MAD. GUIPARD. Dix francs par mois...

RÉMI. Six francs, très bien !

MAD. GUIPARD. Non, dix...

RÉMI. Ah!.. ça sera huit francs... je ne donne jamais que cela?

MAD. GUIPARD. Allons... (*A part.*) Ces jeunes gens sont ladres... j'aime bien mieux servir les vieux garçons... c'est plus généreux... les jeunes gens nous font toujours du tort, à nous autres, femmes de ménage... (*Haut.*) Monsieur, je vous salue...

Elle sort.

SCENE III.

RÉMI, *au commissionnaire.* Tenez, commissionnaire... voilà pour votre boisson...

LE COMMISSIONNAIRE. Merci, notr' bourgeois...

SCENE IV.

RÉMI, *seul.*

Ah!.. je suis donc le maître céans... et dire que sa fenêtre est là! oui, mais ce n'est pas le tout... il faut qu'elle sache que je suis ici... si je lui écrivais? mauvais moyen !.. si j'allais chez elle?.. Ah! impossible ! elle a la faiblesse de posséder des parens, ah! mon cor ! je vais lui jouer mon air de chasse d'hier au soir... je veux jouer faux, comme un jeton... comme deux jetons... (*Il joue.*) Je ne vois rien... rien... Ah! on remue les rideaux. (*Il joue encore.*) Bon! elle est partie, maintenant, je perds courage.... les bras m'en tombent du corps, c'est-à-dire le corps m'en tombe des bras, mais on a frappé, entrez !

SCÈNE IV.

AMÉLIE, RÉMI.

RÉMI. C'est elle !

AMÉLIE. Je vous demande mille pardons, monsieur, si j'ose me présenter ici, mais, je suis avec ma tante, là... au-dessus... et...

RÉMI. Et...

AMÉLIE. Votre cor lui fait mal aux nerfs...

RÉMI. Ah! bah !

AMÉLIE. Elle m'a chargé de vous prier...

RÉMI. De cesser... oui, belle... votre nom... s'il vous plaît...

AMÉLIE. Amélie, monsieur...

RÉMI. Oui, belle Amélie... je me tairai, mais laissez-moi vous parler...

AMÉLIE. Monsieur...

RÉMI. Il n'y a pas de monsieur, ici... Amélie, belle Amélie, vous ne me remettez sans doute pas...

AMÉLIE. Non, monsieur...

RÉMI. C'est moi, qui, hier au soir, aux Folies-Dramatiques !

AMÉLIE. Ah ! je m'en doutais...

RÉMI. A quoi donc, s'il vous plaît !

AMÉLIE. Quand vous venez de jouer, tout à l'heure...

RÉMI. C'était exprès, pour me faire remarquer...

AMÉLIE. Comment, monsieur...

RÉMI. Je vous l'ai déjà dit, Amélie... il n'y a pas de monsieur ici... il n'y a qu'un amant... je vous aime, Amélie...

AMÉLIE. Mais, monsieur...

RÉMI, *sans l'écouter.* D'un amour pur et désintéressé, de l'amour qui épouse... non de celui qui n'épouse pas.

AMÉLIE. Je ne puis... un pareil discours...

RÉMI.

Air *de Céline.*

A l'aveu de ma tendre flamme!

AMÉLIE.

Monsieur, je ne veux rien savoir,

RÉMI.

Voulez-vous voir au fond d' mon ame!

AMÉLIE.

Non, monsieur, je ne veux rien voir,

RÉMI.

Amélie! ah! daignez m'entendre,
Eh! quoi, ne pouvez-vous rester!

AMÉLIE, *à part.*

Allons, je vais toujours l'entendre,
Mais quitte à ne pas l'écouter.

RÉMI. Voilà mon histoire... Je suis né de parens peu spirituels, mais honnêtes... mon père, sous le ridicule prétexte que mon patron se nommait Saint-Protais, voulait me faire huissier... je me récriai : huissier! fi donc! moi, entrer dans le droit, dans la chicane... jamais!.. Je me fis notaire...

AMÉLIE. Mais, il me semble que c'est absolument...

RÉMI. Ah! permettez... je dis, *note air...* (note air), musicien, je me nomme Rémi, (nom de famille), et je demeure, rue de la Harpe; j'ai peu de fortune, c'est vrai... mais, mes parens, anciens artistes retirés des affaires m'aideront j'en suis sûr..., toute ma famille était dans la musique...

Air : Je sais attacher des rubans.

Au sein des arts j'ai vu le jour,
Un chapeau chinois fut mon frère;
Mon père battait le tambour
Et ma mère battait mon père!
Chez mes parens je m'abreuvais,
A flots pressés, de mélodie...
Bref, chez eux, je me nourrissais
De morceaux... (*bis.*) d'harmonie!

AMÉLIE. Monsieur, en voilà assez... je ne dois pas...

RÉMI. Ah! Amélie! vous me quittez... mais vous ne m'aimez donc pas... dites-le-moi, m'aimez vous?

AMÉLIE. Adressez-vous à mon oncle, et à ma tante... ils restent ici...

RÉMI. J'irai...

Air *de la* **Famille** *e l'Apothicaire.*

Je ne crains aucun embarras...
Je vous aime, je le répète
Eh! mais, vous ne répondez pas,
Êtes-vous donc sourde et muette?
Quel démon, méchant et malin
Et vous retient et vous conseille,
Lorsque je vous offre ma main
N' vous fait's donc pas tirer l'oreille?

AMÉLIE, *à part.* Il commence à m'embarrasser, ce jeune homme!

RÉMI. Vous vous consultez... vous m'aimez!

AMÉLIE. Du tout, monsieur... je vous le répète... je ne veux ni ne dois vous aimer, ce sont des affaires de famille qui ne regardent que mon oncle... j'ai bien l'honneur d'être votre très humble servante...

Elle sort.

SCÈNE V.

RÉMI, *seul.*

Elle part! sans un mot... c'est une diligence qui me passe sur la tête... elle ne doit ni ne veut m'aimer... Ah! c'est comme cela... eh bien, je vais me venger... je jouerai faux toute la journée, pour la faire enrager... elle et son exécrable tante... Mais, que dis-je... elle me haïra encore davantage... ah! mon Dieu! je suis extrêmement perplexe...

SCÈNE VI.

BOULARD, RÉMI.

BOULARD. Ah! j'ai cru que le cours n'en finirait pas...

RÉMI. Ah! Boulard, tu arrives bien... j'ai besoin d'un ami qui me conseille et qui prenne part à mes chagrins.

BOULARD. Mais en effet je te trouve tout changé... tu as des chagrins, Rémi, tu en as, donne-m'en la moitié, j'en veux la moitié... donne-moi ma part de tes chagrins...

RÉMI. Boulard, elle ne m'aime pas...

BOULARD. Qui ça... elle?.. cette petite grisette que tu courtises... Laure!

RÉMI. Il s'agit bien de Laure!.. Laure est une chimère... c'est d'Amélie que je veux te parler.

BOULARD. Amélie!.. je ne t'ai jamais

connu de jeune personne de ce nom-là...

RÉMI. Ah! Boulard! c'est tout un roman... je te dirai cela plus tard:... mais le fait est que je l'aime d'un amour désordonné...

BOULARD. Et elle ne répond pas à cet amour... Ah! mon cher, ça se voit tous les jours... Depuis vingt-cinq ans que je fais mon droit...

RÉMI. Allons!.. le voilà qui me parle de son droit, maintenant... si c'est ainsi que tu me consoles...

BOULARD. Dame! moi, veux-tu du vulnéraire...

RÉMI. Imbécille!.. je vais aller déjeûner... Boulard, donne-moi mon habit.

BOULARD. Ah! c'est juste, c'est trop juste...

Il donne l'habit à Rémi et met la robe de chambre.

RÉMI, *en mettant l'habit qui lui est un peu large.* Trop juste... pour toi... oui... mais pour moi...

BOULARD. Ainsi, va te restaurer, mon cher ami, moi je reste... d'ailleurs j'attends une visite... le père Durand, tu sais... un

vieil ami de mon père dont je t'ai déjà
parlé, je t'ai fait son portrait...

RÉMI. Oui, un petit vieux, d'un em-
bonpoint de paratonnère!

BOULARD. C'est cela?..

RÉMI.

Air :

Pour un instant mon ami je te quitte,
Je cours distrair' tous mes chagrins hélas !

BOULARD.

Moi de Durand j' veux attend' la visite ,
J' te d'mand' pardon si je n' te r'conduis pas.
(*En montrant son costume, il est en robe de chambre.*)

RÉMI.

Oui, cette femme est là dans ma mémoire,
En y pensant, je m' sens tout frisonner !
Ah ! j'en perdrai le manger et le boire ;
Mais, je reviens... je m'en vais déjeûner !

Reprise.

Adieu mon cher ! etc.

SCÈNE VII.

BOULARD, *seul.*

Pauvre Rémi ! il me fait de la peine?..

et pour qui, je vous le demande un peu,
pour une femme qu'il ne connaît ni d'Eve
ni d'Adam... Ah! voyons, ce père Durand
m'a remis une lettre de mon père, qu'est-
ce qu'elle chante? (*Il lit.*) « Mon cher fils,
» voilà vingt-cinq ans que vous faites votre
» droit, et je pense que vous l'aurez bientôt
» fini, dans tous les cas, mon fils, comme
» je me fais vieux, revenez près de moi
» prendre une épouse chérie, qui... mais je
» m'arrête... Durand que j'ai chargé de
» vous remettre cette lettre vous en dira
» davantage sur ce sujet. »
« Votre affectueux père,   BOULARD. »
Ah! ça est-ce qu'il voudrait me marier ce
brave homme de père... Ah!

Air : Jadis et aujourd'hui.

Qui moi, songer au mariage,
Je dois y réfléchir un peu...
J' n' suis plus à la fleur de l'âge
Et je risque je crois gros jeu...
Oui, je dois craindre sur mon ame,
Si j' mets autant de temps ma foi...
A fair' le bonheur de ma femme,
Que j'en ai mis à fair' mon droit...

SCÈNE XIII.

BOULARD, DURAND.

BOULARD. On a frappé! qui vient?.. Ah! c'est le père Durand...

DURAND. Bonjour, mon jeune ami...

BOULARD. Vous avez bien trouvé notre maison...

DURAND. Je l'ai d'autant mieux trouvée que c'est précisément dans cette maison que nous sommes descendus, moi, ma femme, et ma nièce...

BOULARD. Ah! vous êtes ici?.. avec votre femme, la mère Durand.

DURAND. Et ma nièce...

BOULARD. Asseyez-vous donc père Durand, et contez-moi ce que vous êtes venu faire à Paris...

DURAND. Je suis venu avec ma femme et ma nièce... et en partant... votre père m'a dit : mais dites donc, père Durand, puisque vous voulez faire voir Paris à votre femme et à votre nièce... allez voir mon fils, vous me direz ce qu'il fait.

BOULARD. Parbleu... je fais mon droit, voilà vingt-cinq ans.

DURAND. Votre père me l'a dit!.. mais

Boulard, voulez-vous que je vous le dise, votre père n'a plus qu'un désir.

BOULARD. Bah !

DURAND. Et il compte beaucoup sur vous...

BOULARD. Pour relever son nom.

DURAND. Vous êtes plein d'avenir, dans la force de l'âge...

BOULARD. Dans la grande force de l'âge...

DURAND. Et il veut vous marier...

BOULARD. Je sais, il m'en touche deux mots dans sa lettre...

DURAND. C'est une idée qu'il a, ce cher papa Boulard...

BOULARD. Ah ! c'est une idée...

DURAND. Je suis donc venu avec ma femme et ma nièce...

BOULARD. Ah ! c'est une idée !

DURAND. Une excellente fille... pleine de qualités...

BOULARD. Eh bien ! elle est stupide...

DURAND. Qui ça ?.. ma nièce...

BOULARD. Non ! l'idée de mon père !

DURAND. Ah ! j'ai cru que c'était...

BOULARD. Ah ça ! dites donc, père Durand... vous me parlez bien souvent de votre nièce... est-ce que...

DURAND. Petit espiègle... il aura deviné... Eh bien ! oui... c'est à peu près convenu entre votre père et moi... ma nièce n'est pas disgraciée de la nature, elle a une jolie fortune et une figure idem.

BOULARD. Ah bah !

DURAND. C'est comme cela...

BOULARD. Tiens, tiens... au fait... moi, si je me mariais...

DURAND. Cette idée vous sourit.

BOULARD. Eh bien ! oui... pourquoi pas, c'en est fait... adieu Paris ! le droit... adieu Rémi ! je me marie...

DURAND. Te voilà dans la bonne voie... je... te... vous demande pardon, si je vous *tutaye*...je vous ai vu si petit ! mais voyons, quelle heure est-il ?.. diable ! quatre heures... Eh bien ! viens chez moi dîner à cinq heures... tu verras là ta future... puis, ce soir, nous irons au spectacle... car depuis que nous sommes à Paris, nous ne sortons pas du spectacle, hier encore... nous étions aux *Folies-Dramatiques*, où il nous est arrivé... mais je te conterai cela... tu sais, je demeure là... (*Il lui montre la fenêtre.*) Tiens, on voit la fenêtre d'ici...

BOULARD, C'est bon !..

DURAND.

Air : *De la philosophie.* (de Musard.)

Mais je rejoins ma nièce

Et ma femme... au revoir !

BOULARD.

A votre ais' je vous laisse,

A ce soir !

DURAND.

A ce soir !

Durand sort.

SCÈNE IX.

BOULARD. C'est bon... c'est bon... et un habit pour aller diner... il me faut un habit... et nous n'en avons qu'un à nous deux Remi... et il en a besoin... ce soir... pour son concert... ah! bon, il n'ira pas...

SCÈNE X.

BOULARD, REMI.

BOULARD. Ah! te voilà...

REMI. Oui, je viens de déjeuner... mais quand j'ai vu qu'il était quatre heures... je me suis mis à diner... pour étouffer mon chagrin.

BOULARD. Remi... es-tu mon ami? veux-tu me faire un plaisir?.. tu sais comme je t'aime?. ·

REMI. Et moi!..

BOULARD. Comme un Badouillard...

REMI. Comme un pur Badouillard...

BOULARD. Eh bien! prive-toi de ton concert pour ce soir... j'ai un diner... je te dirai cela...

REMI. Si ça te fait bien plaisir, je ne demande pas mieux...

BOULARD. Remi... à ce sacrifice... je te reconnais là... donne-moi l'habit... (*Il met l'habit.*) Ah! et puis comme tu es le caissier... tu n'aurais pas quelqu'argent... il faut que j'aille m'acheter des gants...

REMI. Ah! c'est pour des gants... combien?..

BOULARD. Je n'y tiens pas la main.

REMI. Aux gants?.. alors j'en ai deux de la main gauche...

BOULARD. Non... non... donne...

REMI, *lui donnant de l'argent*. Tiens... as-tu assez...

BOULARD. Oui... je vais revenir...

SCÈNE XI.

RÉMI, AMÉLIE.

REMI, *seul*. Il est heureux .. lui... il s'achète des gants, tandis que moi, je me mords les doigts...

AMÉLIE, *à part en entrant*. Tiens... ce jeune homme est donc celui dont me parlait, mon oncle!.. Il ne me voit pas ce monsieur... hum... hum... (*Elle tousse*.) hum.

REMI. Quoi c'est vous... qui venez!..

AMÉLIE. Je viens de la part de mon oncle qui vous prie de vous rendre à son invitation à diner...

REMI. Diner...

AMÉLIE. Oui... vous savez bien... et ce soir nous allons à l'Opéra...

REMI. A l'Opéra, et vous y serez?.. je l'accepte... ah! Amélie, vous ne m'en voulez donc pas?

AMÉLIE. Et de quoi?

REMI. Si je vous aime...

AMÉLIE. Mais... puisque mon père m'a dit qu'il était possible que je devinsse votre femme...

REMI. Votre femme... ah! ça, c'est très bien... mais votre oncle... l'invitation à diner... notre mariage, je ne sais pas ce que cela veut dire... il y a *cacaphonie*.

AMÉLIE. Vous êtes bien monsieur Boulard...

REMI. Non... Remi... vous le savez bien.

AMÉLIE. Vous ne vous appelez pas Remi.

RÉMI. Si, Rémi... ah! parbleu... j'y suis il y a *cacophonie* votre oncle...

AMÉLIE. C'est monsieur Durand...

REMI. Monsieur Durand!.. Boulard m'en a parlé... je disais bien, il y a *cacaphonie*.

AMÉLIE. Mais..

RÉMI. C'est que nous demeurons ensemble... voyez-vous?

AMÉLIE. Mais alors... ce serait donc vo- votre ami, et non pas vous qui devez ve- nir diner...

RÉMI. Probablement...

AMÉLIE. C'est donc lui aussi... et non pas vous qui devez m'épouser...

RÉMI. Ah! tiens,.. c'est parbleu vrai... je n'y pensais pas...

AMÉLIE. Ah bien! monsieur, c'est dif- férent... je vous demande bien pardon de vous avoir fait des politesses... je croyais parler à un autre.

RÉMI. Ah! Amélie... vous que j'aime tant...

AMÉLIE. Mais puisque ce n'est pas vous qui m'épousez.

RÉMI. Et si c'était moi... qui dût vous épouser... peut-être me préfériez-vous à Boulard.

AMÉLIE. Mais... oui, monsieur...

RÉMI. Elle a dit oui, c'est un aveu...

AMÉLIE. Je vous préférerais... attendu que je ne connais pas M. Boulard...

RÉMI. Ah! c'est égal, elle a dit qu'elle me préférait, c'est un aveu... Eh bien! Amélie... vous serez ma femme... ou j'y perdrai mon latin, quand je le saurai... j'irai trouver votre oncle... votre tante... je saurai bien les attendrir... j'en fais mon affaire...

AMÉLIE. C'est égal dites-lui que nous l'attendrons pour dîner...

RÉMI. Soyez tranquille...

Air : *Adieu donc mademoiselle* (de la Deuxième année.)

> Rassurez-vous, Amélie,
> Avant une heure d'ici...
> J'y perdrai plutôt la vie
> Je serai votre mari.

Amélie sort.

SCENE XII.

RÉMI, *seul.*

Ah ! maintenant il s'agit de Boulard, j'espère bien qu'il ne s'entêtera pas à vouloir épouser Amélie... Ah ça ! mais il n'arrive pas... je suis dans une agitation... s'il allait ne pas vouloir me la céder... Ah bon ! le voilà...

SCÈNE XIII.

BOULARD, RÉMI.

BOULARD, *il entre en chantant.* »Oui c'en est fait je me marie... »

RÉMI. Oui, compte là-dessus, toi...

BOULARD. Je viens te dire adieu en passant... et je cours...

Fausse sortie.

RÉMI. Un instant, camarade...

BOULARD. Mais je suis pressé...

RÉMI. Tu vas diner, n'est-ce pas !..

BOULARD. Oui...

RÉMI. Chez ta future...

BOULARD. Sans doute...

RÉMI. De là tu comptes aller à l'Opéra.

BOULARD. C'est convenu...

Les Badouillards 3

RÉMI. Eh bien! la future, le diner, et l'Opéra, te passeront devant le nez...

BOULARD. Comment!

RÉMI. Parce que ta future, c'est mon Amélie...

BOULARD. Qu'est-ce que cela me fait moi?..

RÉMI. Ah! ça ne te fait rien... tu ne renoncerais pas à elle pour ton ami Rémi.

BOULARD. Du tout... du tout...

RÉMI. Bien vrai...

BOULARD. Bien vrai...

RÉMI. Eh bien! tu l'épouseras... mais je me vengerai, nous sommes Badouillards, tu sais... nous logeons ensemble, nous mangeons ensemble, nous nous sommes jurés de ne jamais nous quitter... Eh bien! prends garde à toi, si tu es l'époux d'Amélie...

BOULARD. Rémi...

RÉMI.

Oui si le sacrement t'engage,
Je veux te sauver d'un écueil...
Sur l'océan du mariage
Tu n'dois pas naviguer tout seul...
Car si l'hymen est une chaîne
Trop lourde hélas à supporter,

On éprouve bien moins de peine
Quand on est trois pour la porter.

BOULARD. Ah! Remi, je n'ose plus te regarder en face... mais c'est une plaisanterie... tu réfléchiras... en attendant....

Fausse sortie.

RÉMI, *à part.* Ça ne l'a pas effrayé... (*Haut.*) Tu n'iras pas...

BOULARD. Et qui m'en empêchera...

RÉMI. Moi...

BOULARD. Comment cela?..

RÉMI. Tu sais nos conventions... toi, tu es l'homme de la journée... et moi je suis l'homme du soir... voici la nuit, je veux rentrer dans mon habit... où est mon habit... dégarnis-toi!..

BOULARD. Tu me reprends ton habit... tu ne l'auras pas.

RÉMI. Boulard, mon bon ami, ne te mets pas en colère... la colère te fait enfler et cela ferait prendre un mauvais pli à mon habit... qui m'est déjà trop large... allons vite mon habit, je suis pressé...

BOULARD. Rémi, je vais me fâcher!..

RÉMI. Ah! tu te fâches quand c'est moi qui au contraire... Eh bien! il est étonnant l'avocat.

BOULARD. Oui, depuis vingt-cinq ans que je fais...

RÉMI. C'est convenu... mais il ne s'a- git pas de ton droit... mon habit...

BOULARD. Tu me pousses à bout, eh bien! le voilà ton habit, nons ne sommes plus Badouillards...

RÉMI. Et nos conventions...

BOULARD. Je les passe par-dessus l'é- paule...

RÉMI. Avocat... tu le prends sur ce ton, rends-moi cette paire de bottes... elle est à moi...

BOULARD. Donne-moi, mon chapeau...

RÉMI. Je veux cette culotte...

BOULARD. Indigne ami... la fureur me transporte.. tiens, séparons-nous, (*Il fouille dans les paquets.*) Tiens, voilà ta cravatte, tes gilets...

RÉMI. Tiens, ceci est à toi... passons au ménage... voilà tes assiettes, grand plat que tu es...

Ils jettent tout en l'air,

Air : Que ne suis-je la fougère.

Je te fuis je te méprise,
Nous ne somm's plus Badouillards,

Tiens reprends cette chemise,
Mais c'est à moi ces foulards...

BOULARD, *transporté*.

Tiens cette guitare unique
Roulera dans les escaliers...
Je déchire ta musique,
Et foule tes cors aux pieds...

Il trépigne sur les instrumens.

RÉMI. Ah! c'est ça...

Même air.

Tiens tous les livres d'école,
Tiens ce beau buste tout neuf?
Cette tête de Barthole
Vont passer par l'œil de bœuf...
Ton cod' ton Parfait notaire,
Vont s'envoler dans les airs
Et maint'nant si tu veux le faire
Tu f'ras ton droit tout d' travers.

BOULARD. Là! notre part est faite, à présent... et tu crois peut-être m'empêcher d'aller chez le père Durand parce que tu m'as repris ton habit...

RÉMI. Mais ça me fait cet effet-là...

BOULARD. Eh bien! c'est ce qui te trompe... là... (*Montrant le cabinet à part.*) J'ai mon plan. (*Haut.*) Dans ma malle...

Il entre dans le cabinet.

SCENE XIV.

RÉMI, *seul.*

Allons bon ! est-ce que par hasard il aurait un autre habit... qu'il se serait acheté incognito... et sur ses économies.. mais non... Boulard est trop décousu pour cela...

DURAND, *en dehors.* Dites-donc, Boulard, nous vous attendons... le diner est prêt.

RÉMI. Allons bon, voilà qu'on le vient chercher... Ah ! (*Il contrefait la voix de Boulard.*) Tout à l'heure père Durand, tout à l'heure, je fais un petit bout de toilette...

DURAND, *s'en allant.* Dépêchez-vous.

RÉMI. Comment faire ? ah ! une idée... un moyen violent ?

SCÉNE XV.

BOULARD, *en garde national il sort du cabinet*, **RÉMI.**

BOULARD, *à lui-même.* Ah ! je me risque,

ma foi, je dirai à Durand que je suis de piquet... cependant j'ai une peur... c'est que je ne l'ai pas payé... cet habit de garde national.... et mon tailleur pourrait bien être à l'Opéra... mais bah!.. (*Haut.*) Tu vois, Rémi, qu'on peut se passer de toi et de ton habit...

RÉMI. En avant le grand moyen... Boulard... nous sommes rivaux... Il me faut Amélie... ou la mort...

BOULARD. Amélie ou la mort...

RÉMI. Tu vois ce pistolet...

BOULARD. Oui...

RÉMI. Eh bien, je vais te jouer un quadrille avec, comme chez Musard... si tu ne renonces pas à ton projet...

BOULARD. Mais c'est une horreur...c'est un assassinat...

RÉMI. Ce sera tout ce que tu voudras... Amélie ou la mort... J'aurai Amélie.

RÉMI.

Air : Est-il supplice égal.

A de tels attentats...
Tu ne te soumets pas,
Et tu fais résistance

Bien qu'tu sois mon ami
J'épouserai foi de Rémi
Je t'en donne l'assurance.

BOULARD.

A de tels attentats
Je ne me soumets pas.
Je ferai résistance.
Scélérat de Rémi
Quoi tuer ton ami
Tu plaisantes je pense.

RÉMI, *le poursuivant de son pistolet.* Non.

J'use du droit je te le prouverai,
Que le sort me délivre
Et s'il le faut mon cher je te tuerai,
Afin d' t'apprendre à vivre...

ENSEMBLE.

A de tels attentats, etc.

RÉMI. Renonces-tu à Amélie.

Il le menace.

BOULARD. Non...

RÉMI. Ecris cela ?..

BOULARD. Comment malheureux !

RÉMI, *le menaçant.* Allons écris... (*Boulard écrit.*) « Sachant que mon ami, Rémi,

»aime et est aimé de mademoiselle Amé-
»lie, nièce de M. Durand, je renonce vo-
»lontairement... »

BOULARD. Volontairement... jamais !

RÉMI. Je tire, prends garde...

BOULARD, *écrivant*. Allons ! volontairement...

RÉMI, *dictant*. « A sa main.

BOULARD. A sa main.

RÉMI, *id.* »D'ailleurs, Rémi est un gar-
»çon rempli de bonnes qualités... et qui ne
»peut manquer de faire le bonheur de ma-
»demoiselle Amélie. »

« *Signé,* »

BOULARD. Je ne signe pas...

RÉMI. Signe, ou sinon...

BOULARD, *signant*. C'est une atrocité !

RÉMI. Ah ! c'est heureux... Amélie est à
moi... (*Il pose le pistolet.*) Viens, que je
t'embrasse...

BOULARD. Ne m'approche pas...

RÉMI. Pourquoi donc ?..

BOULARD. Assassin... tu me fais frémir !

RÉMI. Ah ! ah ! tu me fais rire...

BOULARD. Buveur de sang... va... (*Il
aperçoit le pistolet, il le prend.*) Ah ! parbleu ! à mon tour... ah ! mon gaillard, je
te tiens à présent... je vais anéantir mon

écrit... tu vas renoncer, écris, maintenant...

RÉMI. Non...

BOULARD. Je tire...

RÉMI. Tire...

BOULARD. Jure-moi sur l'honneur...

RÉMI. Je ne jure rien.

BOULARD. Prends bien garde, Rémi, je
suis à un tel point d'exaspération... signe,
signe... renonce... ou bien... (*A part.*)
C'est singulier, ça ne l'effraye pas...

RÉMI. Ça m'est égal...

SCÈNE XVI.

Les Mêmes, M. DURAND, AMÉLIE.

Air :

> Quel retard vous arrête !
> Qu'est-ce donc que cela ?
> Quoi le diner s'apprête !
> Et vous n'êtes pas là ?..

DURAND. Eh bien ! Boulard ! que faites-
vous donc ?..

BOULARD. Ah ! c'est vous... ne vous im-
patientez pas... je suis à vous tout à
l'heure... renonces, ou sinon...

AMÉLIE. Que faites-vous?..

DURAND. Un assassinat! Ah! Boulard!

BOULARD. Je n'écoute rien... cèdes-tu?

RÉMI. Tire...

BOULARD. Je lâche... le pistolet est chargé... il est de bonne qualité...

RÉMI. Oui, à la vanille...

BOULARD, *l'examinant*. Tiens, il est en chocolat... je suis volé... Ah! mon Dieu, moi qui dans la crainte de... lui ai promis...

RÉMI. Et un honnête homme n'a que sa parole, surtout quand il y a un écrit.

DURAND. Mais, qu'y a-t-il donc?

RÉMI. Il y a M. Durand, que j'aime votre nièce et que je vous la demande en mariage...

DURAND. Mais, monsieur, je suis très surpris...

RÉMI. Je sais ce que vous allez me dire, me demander qui je suis?.. mon état, ma fortune... mon rang...

AMÉLIE. Ah! mon oncle, je connais monsieur, c'est un ami de M. Boulard.

BOULARD. Oui, oui, je suis vexé, et depuis vingt-cinq ans...

RÉMI. D'ailleurs, lisez une renonciation en ma faveur, de M. Boulard...

DURAND. Ah! c'est comme cela, cependant...

RÉMI. Je sais ce que vous allez me dire, mais soyez tranquille; il est inutile de répéter ici, encore une fois, ce que je suis... quel est mon nom... comment j'ai vu et aimé mademoiselle... et enfin comment je suis sur le point d'être heureux... mais si vous y tenez, vous n'avez qu'à venir demain soir, entre huit et neuf heures, vous vous placerez là à côté de ces messieurs... (*Montrant l'orchestre.*) Moyennant vos quarante sous, et vous aurez tous les renseignemens désirables sur mon compte... car j'en suis sûr, ces messieurs ne voudraient pas laisser tomber la pièce... ça ferait manquer mon mariage... maintenant, la musique... le couplet final... c'est obligé...

Air : *de l'Écu de six francs.*

Messieurs pour ce léger ouvrage,
Ne montrez pas trop de rigueur
Et vous l'applaudirez je gage,
Pour éviter quelque malheur?
Car, messieurs, j'en connais l'auteur,
Et son impatience est telle,

Que s'il ne réussisait pas;
Je crois qu'il serait dans le cas
De venir me chercher querelle.

FIN.

9 782329 243535